Ulrich Namislow
Reizwörterbuch

Ulrich Namislow

Reizwörterbuch

Für Wortschatzsucher

Mit einem Nachwort von
Elke Donalies

LOGO VERLAG Eric Erfurth
Obernburg am Main

Zum Geleit

Wortbildungswahn am Anfang und Ende der Sprache — Lewis Carroll ging mit Alice im Wunderland auf Wortschatzsuche und die von James Joyce in *Finnegans Wake* gezüchteten Worthülsenfrüchte geben der Wissenschaft Rätsel auf.
Was ist das Besondere an einem Puppentheaterskandal? Kofferwörter wie dieses gedeihen besonders gut auf dem Humus der Sprachmüllhalde. Eifrig recyceln hier Textverfertiger aller Art. Mit »Blechtrommelfeuer« ist ein Artikelchen hurtig überschrieben. Mit einem Förderpreisvergleich kann man Kulturdezernenten ärgern und mit einem Puderdosenöffner eine Marktlücke füllen.
Was bitte ist ein Übermorgenstern? Einmal ausgesprochen, entsteht eine reizvolle Sinnfraktur für Sprachphilosophen und Wortbildungsbürger. Warum gibt es nicht mehr Beispielplätze? Wie reite ich ein Überseepferd? Wer serviert Totschlagsahne? Wo ist der Thesenpapierkorb?

Das *Reizwörterbuch für Wortschatzsucher* vereint 888 Kofferwörter — eine Sammlung von Kleinstaphorismen, die keinen Anspruch auf Vollständigkeit erhebt, sondern mit Vielleichtsinn erweitert werden will.

Cassis Kilian

Vielleichtsinn

Himmelszeltverleih

Violinschlüsseldienst

Hörfunkstille

Weltalltag

Beischlafwandler

Schreikrampfader

Gegensatzzeichen

Fremdkapitalflucht

Eigenheimweh

Weihnachtclub

Liebesdienstweg

Blickkontaktanzeige

Tastsinnsuche

Übermutprobe

Herzkammerjäger

Traumhausfrau

Wohnzimmermann

Heimspielverderber

Winterschlafzimmer

Sonnenscheinwerfer

Spätsommersprossen

Herbstlaubsägeblatt

Stolpersteinbruch

Herzschlagworte

Mandelaugenweide

Wortstammtisch

Totschlagsahne

Gewaltbereitschaftspolizei

Schokoladenschluss

Schneefallpauschale

Gefrierfachfrau

Gemütsbewegungsmelder

Landhausarrest

Berghängeregister

Zitatverdacht

Erotischtuch

Feuchtgebietsansprüche

Frischfleischskandal

Schamlippenstift

Vorspielplatz

Körperkulturamt

Warndreiecksbeziehung

Schlüssellochkamera

Amüsierbetriebsrente

Überstundenhotel

Anstandpunkt

Heiratespiel

Verstandesamt

Regelfallgrube

Thesenpapierkorb

Geistesblitzableiter

Reimpaarlauf

Fremdwortmeldung

Gipfelkreuzworträtsel

Himmelreichtum

Hochseilgartenzwerge

Schlaftrunkenbolde

Stimmungstiefausläufer

Gefühlsausbruchversuch

Identitätskrisenstab

Gemütslagebericht

Überlebenslauf

Gefühlsweltausstellung

Mutterherzspezialist

Hochzeitvertreib

Standesamtsmissbrauch

Fußvolkswagen

Regenwaldbrand

Raubbauwerk

Zahlwortbruch

Zehnkampfgeist

Gerüchteküchenchef

Tierzuchthaus

Blickfeldfrüchte

Götterspeisewagen

Rückspiegelei

Automatensalat

Glühweinberge

Artenschutzhülle

Steckdosenbier

Suppentellermine

Unfallbeil

Atomkernseife

Unterklassenbester

Jammertalsperre

Wertewandelhalle

Finanzweltumsegelung

Tiefpreisträger

Spaltkeilschrift

Geisteshaltungsschäden

Umfragezeichen

Radikalauer

Zweckfreikarte

Fallschirmständer

Heimkinderlied

Blütenstaubsauger

Puderdosenöffner

Fingerhutablage

Abglanzfolie

Morgenrotstift

Pressluftbrücke

Zeitfensterputzer

Fertighausgeburt

Halbmondlandung

Atempausenregelung

Kilowattwanderung

Ultrakurzwellenbad

Selbsthilfegruppensex

Reizwäscheklammer

Liebesdienstanweisung

Kopfgeburtenüberschuss

Schokoladehemmung

Geburtenratensparvertrag

Dauerwellensittich

Landfrauenbewegung

Stammbaumsterben

Schlachtfeldarbeit

Zickenkriegsreporter

Fingerspitzenreiter

Stoppschildkröte

Fortschrittstempolimit

Rückenlagebesprechung

Eckzahnstocher

Schreibmaschinengewehr

Totenbrieföffner

Weltfriedenspfeife

Folterkammermusik

Leistungsdruckindustrie

Liedertafelfreuden

Eigenlobgesangverein

Musikzimmerflucht

Konkurrenzkampfanzug

Tiefpreissteigerung

Kleingeldtransfer

Konsumtempelpriester

Waffenexportschlager

Börsencrashkurs

Kassensturzflug

Wildwestwind

Totalschadenfreude

Aktienkursgebühr

Wortbruchrechnung

Zapfsäulenheilige

Feedbackstube

Comebackpulver

Konfitürenschlagen

Pantoffelheldenepos

Zierfischfilet

Einbauküchenschaben

Imbisswunde

Sexbombenattentat

Unrechteck

Faustrechtsprechung

Rechtshilfeschrei

Traktateinheit

Übermorgenstern

Rechteckkneipe

Weltalleingang

Wunderkindergarten

Kleingartenzwerge

Weltschmerzmittel

Geschlechtsteilnehmer

Schweißperlentaucher

Unartenschutz

Gartenzwergvölkerkunde

Schreckschraubenzieher

Morgenlattenverschlag

Freizeitzünder

Mußestundenplan

Frühlingsluftstreitkräfte

Luftschlangenbeschwörer

Duftwasserfall

Horizontalsperre

Wildwassereimer

Richtungsstreitaxt

Machtspielzeug

Unterweltverbesserer

Badeölkrise

Sesshaftverschonung

Durchschnittwunde

Denkzettelkasten

Hemmschuhfetischist

Platzhirschragout

Speiseeisbrecher

Heckenschützenverein

Nebenbeileid

Glühweinkrampf

Rücksichtbar

Heimreiseleiter

Bürostuhlgang

Besenkammerherr

Beutekunstgriff

Eigentorheit

Glücksritterturnier

Fragebogenschießen

Schaukelpferderennen

Lidschattenspiele

Abendglockenblumen

Flötenkesseltreiben

Kommandotonscherben

Selbstjustizgebäude

Sinnstiftungsvermögen

Weihwasserscheide

Angstschweißgerät

Edelstahlgewitter

Mondlichtschalter

Lockvogelkäfig

Goldfischstäbchen

Versandkasten

Minigolfkrieg

Wortgefechtsstand

Weltbildstörung

Abendrotwildente

Schürzenjägerlatein

Blütezeitarbeit

Quadratischdeckchen

Rücklichterbaum

Puppenwagenburg

Tatortsumgehung

Blütenzweigniederlassung

Edelweißgott

Sachbearbeiterbewegung

Kulturkampfsport

Preishammerwerfer

Gehirnwäscheleine

Geistesarmutsbericht

Spiegelbilderrahmen

Sternenzelteingang

Leihgabentisch

Eigenheimniederlage

Reihenhaustyrann

Schleudersitzgarnitur

Mittelmaßanzug

Güteklassenfeind

Verbraucherinnenwelt

Schnäppchenjagdrevier

Brautschleierfahndung

Vernunfteheberatung

Impotenzprotz

Rufmordkommission

Mondscheintot

Zweifelhaftanstalt

Liebesbeweissicherung

Reizbardamen

Ausschnittblumen

Scheinehebruch

Triebfederbett

Sündenfallobst

Drohbriefträger

Hackordnungshüter

Morgenlandgericht

Schieflagebesprechung

Leitkulturamt

Nebenfachidiot

Weinlesebrille

Tischsittenwächter

Liebesspielwiese

Tagesmuttertag

Zeitgeisterbahn

Horrorfilmförderung

Ruhekissenschlacht

Wildwechseljahre

Tonfallstudie

Lärmschutzbrille

Kopfstandbein

Sturmwindstille

Nervensägewerk

Bastelbuchstütze

Kochbuchstaben

Altpapiertiger

Neurosengarten

Parkanlagebetrug

Kindergeldwäsche

Minderheitenschutzhelm

Pflasterstrandkorb

Verlustgewinn

Rückschrittmacher

Armutprobe

Überflussvergiftung

Atemnotration

Altenheimtücke

Ausflugschule

Jugendheimweh

Wiedersehnsucht

Unruhestörung

Hirtenbriefwaage

Leerguthaben

Wasserbettwäsche

Stempelkissenbezug

Wendehalskrause

Arbeitsgruppentherapie

Sonnenstrahlenopfer

Auszeitbombe

Mitläufertraining

Zivilisationsmülleimer

Substanzverlustprinzip

Asozialkompetenz

Sparschweinezucht

Datenklauenseuche

Todschicksal

Sammelklagelaut

Katastrophenschutzimpfung

Seifenblasenentzündung

Elfenbeinbruch

Bombenfundbüro

Rauchabzugbegleiter

Überseepferd

Sturzflugzeugträger

Seeluftfahrt

Sintflutlicht

Lichterkettenreaktion

Steinzeitmanagement

Ritterschlagloch

Luftschlossherr

Unterleibeigenschaft

Rokokosnuss

Leberwertedebatte

Seifenspenderniere

Nachtigallensteine

Wandervogelkäfig

Hindernistplatz

Laubwerkverzeichnis

Lichtkegelverein

Blätterfallstudie

Zeitvertreibjagd

Naturwundertüte

Kaugummibaum

Windfangquoten

Verhütungsmittelsenkrechte

Samenzelleninsassen

Kinderlosentscheid

Beziehungskistenfabrik

Unordnungshüter

Blumensamenspender

Drehbuchdesign

Teppichbodenreform

Dienstleistungsabfall

Wohlstandortwechsel

Flachlandfluchthelfer

Niemandslandkarte

Übermenschenrechte

Seitensprungtuch

Traumpaartherapie

Trauscheingefecht

Erlösungsmittel

Doppelhaushälfte

Selbstjustizgebäude

Hungersnotrufsäule

Blutdiamantenhochzeit

Dunkelgrausamkeit

Tapetenwechselwähler

Kinderarbeitgeber

Globalisierungsprozesskosten

Geldwäschetrockner

Falschgeldpolitik

Filzstiftung

Menschenrechtschreibung

Entzugabteil

Nähnadelgehölz

Markentreuegelöbnis

Mundraubgold

Goldkettenreaktion

Lustgewinnausschüttung

Niedrigpreisträger

Schnittmengenrabatt

Mindestlohnverzicht

Weltbürgerinitiative

Scheinexistenzminimum

Verwaltungsaktfotografie

Hartzvierteilung

Schallmauerbau

Innovationsschubkarre

Ausdauerlutscher

Immergrünwähler

Reklameschildbürgersinn

Vernunftehebett

Damenwahlgeheimnis

Warenkreislaufkoller

Kapitalfluchthelfer

Feindbilderrahmen

Kristallspiegelei

Weltkugellager

Sonnenschirmherr

Sprechblasenschwäche

Bücherstapellauf

Umsatzzeichen

Konsumterrorbekämpfung

Anstoßstange

Rabenmuttersprache

Kleinlautmalerei

Sprachmüllhalde

Brechreizüberflutung

Wildwechselrahmen

Charakterkopfjäger

Nutztierliebe

Klagemauerfall

Kinderspielhölle

Bruttosozialproduktdesign

Überschusswunde

Ehebruchstelle

Matterhornhaut

Siegesparadebeispiel

Kriegsspielwiese

Tiefschlafsack

Weltwunderwerkverzeichnis

Schneckenhausverwaltung

Verfallhöhe

Lokführerprinzip

Krisengipfelstürmer

Propagandawaffenarsenal

Dauerregenbogenpresse

Kollektivschamröte

Mitgliederschmerzen

Rigorosa

Tiefstandpunkt

Aberglaubenskrieg

Flugblattläuse

Denkfabrikarbeiter

Türangelverein

Kornfeldwebel

Wasserreserveoffizier

Lazarettschiffbruch

Schmollmundart

Attentatsachen

Totentanzturnier

Lebensdauerläufer

Heldenplatzangst

Ehrenbürgerkrieg

Kokonservator

Trachtengruppendynamik

Synergieeffekthascherei

Orchestergrabenkrieg

Opernglasauge

Mutterseelenalleinunterhalter

Tonkunstblumen

Fußnotenständer

Arschgeigenvirtuose

Bilderflutopfer

Fernsehschwäche

Neutronenbombenstimmung

Lachmuskelkater

Höhensonnenfinsternis

Vordergrundsteuer

Passivitätlichkeit

Ansprechpartnertausch

Klagelautsprecher

Lebenslaufsteg

Irrwegerecht

Heimatverlustanzeige

Vaterlandgewinnung

Zauberbergmann

Rückzugbrücke

Brilliantringkampf

Stimmungslichtmesser

Pfannengerichtsmedizin

Gleichstellungskrieg

Unterschiedsrichter

Konkurrenzkampfhandlung

Schamhaarspalterei

Löwenzahnweh

Friedenstaubenschlagsahne

Dauerlaufbursche

Puppentheaterskandal

Blattlausbuben

Urlaubbäume

Völkerkundencenter

Wortbildungsbürger

Umgangsformtief

Frohsinnkrise

Schadenfreudentränen

Machtdemonstrationsverbot

Sozialkompetenzstreit

Sonnenbrandstifter

Steuerflüchtlingshilfe

Inflationsratenzahlung

Abstellgleisarbeiter

Vorhängematte

Unterschichtwechsel

Offizierfisch

Feiertagebau

Glückaufklärung

Stimmungshochstapler

Eiszeitmesser

Frostschutzengel

Herzenswärmeisolierung

Moritatendrang

Automatrose

Seelenmassagesalon

Beispieltrieb

Königskindergarten

Stoffwechselstube

Abgrundbuch

Erstschlagsahne

Restrisikofreude

Auswegweiser

Rockmusikantenstadel

Körperorganist

Bedenkenträgerrakete

Betonkopfkissen

Verursachertorte

Kreuzzugentgleisung

Wortschatzinsel

Stoßstangenbohnen

Würfelzuckerwatte

Fertiggerichtstermin

Zahnfleischwurst

Plaudertaschendieb

Luftzugverbindung

Pauschalreisefieber

Übereinstimmungslicht

Christbaumsterben

Paradiesgartenarbeit

Morgensonnenuntergang

Wüstensandmännchen

Stammlokalanästhesie

Plüschtierquälerei

Papiertigerfell

Reißwolfrudel

Rotwildschwein

Giftzwergpudeldame

Dunkelkammerjäger

Geweihnachten

Protestantenmörder

Bankraubtier

Brustwarzenschwein

Tortenbodenspekulant

Überschriftsteller

Luftpostkutsche

Zahnradweg

Radkappensitzung

Weltraumgestalter

Jägerzaungast

Minirock'nroll

Hirtenmusikszene

Kinderwunschkonzert

Mischwaldfee

Lustspielanleitung

Liebestollpatsch

Gangsterbrautkleid

Aktenbergsteiger

Extremsportschuhe

Kleinkunststoff

Herzstichprobe

Marathonlaufkundschaft

Quantensprungtechnik

Generalstabhochsprung

Zierleistenbruch

Künstlerpechnelke

Gnadenaktzeichnung

Pinakothekengespräch

Sammelwutausbruch

Frohlockenwickler

Knallfroschschenkel

Bügeleisenbahn

Vogelflugzeug

Baumschulpflicht

Bürgersteigbügel

Brettspielwiese

Nebelwandleuchte

Unterarmleuchter

Kunstblumenkübel

Sekundenstamm

Schubladenöffnungszeiten

Müßiggangschaltung

Alltagtraum

Innenweltraum

Glückssternwarte

Weisheitszahnrad

Ursprungtuch

Trauerarbeitsamt

Sterberatenzahlung

Menschenwürdenträger

Priestermangelerscheinung

Nonnenklosterbruder

Triebnaturkunde

Gegenteilnahme

Frühlingsrollentauschbörse

Kontaktlinsengerichtsakten

Geflügelschraubenzieher

Tierhaltungsschäden

Esstischbein

Saumagenbeschwerden

Jägerschnitzeljagd

Charakterschweineschnitzel

Jagdhornlöffel

Chefsessellift

Tierheimsuchung

Liebesbriefmonopol

Durchfallbeispiel

Skandalnudelgericht

Salatkopfgeburt

Tellerranderscheinung

Schwindelfreibier

Fußpilzgericht

Breitensportverletzung

Fußballschlachthof

Kompotthässlich

Katzenklobrillenetui

Schwerkraftwerk

Marzipanflöte

Polterabendstille

Trauzeugenvernehmung

Weihrauchmelder

Heiligenscheinheilige

Kerzenscheinangebot

Kirchenbankkonto

Herrgottswinkelmesser

Klingelbeuteltier

Gottesdienstleistung

Monotonstudio

Elektroautonomie

Handschuhlöffel

Fundbüroklammer

Vorhängeschlossherr

Überfalltür

Baumstammbaum

Stammzellentür

Handschlagbaum

Kaufzwangsjacke

Mitgiftkapsel

Schlagschattenmorellen

Riesenradwegenetz

Untergangart

Absurditätigkeit

Nebenhöhlenforscher

Gabentischler

Vernunftreligionskriege

Eselsbrückengeländer

Maulkorbflechter

Sanduhrmacher

Marmorbüstenhalter

Wirtschaftswunderheiler

Zubehörfunk

Hardrockzipfel

Bakterienkulturattaché

Digitalfahrt

Hackbrettspiel

Sommerfestplatte

Wolkenbruchstück

Sonnenscheinwelt

Parteienlandschaftsmalerei

Himmelbettvorleger

Schmusekursbuch

Bananenschalensessel

Häuserblockhaus

Kindergartenarbeit

Schottenmusterschüler

Stimmungshochland

Atlantiktiefgarage

Azorenhochmut

Sturmtiefkühlkost

Schwarzteelicht

Zinnoberkellner

Glühbirnenkompott

Worthülsenfrüchte

Feuerwasserleitung

Seifenschaumgebäck

Tannenbaumwolle

Pollenfluglotsen

Obdachdecker

Weicheierwärmer

Blaulichtbild

Reformstausee

Segelschiffschaukel

Salzwasserwaage

Spreizfußmatte

Modelleisenbahnstreik

Flussbettgestell

Badesalzstreuer

Goldstaubtuch

Satzbaustelle

Tanzteebeutel

Pechvogelperspektive

Meineidgenosse

Lebkuchenherzschrittmacher

Fadenkreuzotter

Blechtrommelfeuer

Schwarzarbeiterwohlfahrt

Fehlerquellensteuer

Geldscheinheilige

Seifenopernhaus

Sehnsuchtmittel

Denkkraftsportanlage

Kunsthonigpumpe

Salatschleudertrauma

Beinbruchteilhaber

Wildgänseblumenvase

Rabattmarkenklamotten

Schöngeisterbahn

Schleuderpreisempfehlung

Mehrwertsteuermann

Sollbruchstellenbewerber

Hauptbahnhofstaat

Seidenraupenfahrzeug

Spiegelbildagentur

Fernsehkanalreinigung

Antennenwaldsterben

Truppenabzugshaube

Hutschachtelhalm

Informationsdschungelcamp

Gerechtigkeitslückenbüßer

Mitbestimmungskanonen

Dortmundart

Windrosenzüchter

Erntehelfersyndrom

Maschinenölsardinen

Tunichtgutmensch

Stillstandpunkt

Beifallrückzieher

Drittmittelmaß

Einsichtgerät

Umleitungsgremium

Vereinfalt

Gelenkrad

Umfeldwege

Dagegenwart

Walpurgisnachtfalter

Loreleyerkasten

Freudenhausmusik

Ohnmachtergreifung

Ehrgeizhals

Dombausparvertrag

Vergleichstellung

Schaltjahrmarkt

Zeitgewinnausschüttung

Überbauarbeiter

Denkanstoßseufzer

Verratgeber

Inhaltbarkeit

Harmoniemand

Gedankenspielzeug

Wörterbuchhalter

Zauberwortgefecht

Stilblütenmeer

Wortwahlkampf

Hauptwortbruch

Einbruchlandung

Leserbriefmarke

Stoßzahnersatz

Schönheitspflegeversicherung

Schmierblattsalat

Autobahnringfinger

Steilwandschmuck

Vereinsamkeit

Verbalsam

Mitlautsprecher

Schriftverkehrswacht

Amtsdeutschstunde

Gedankenaustauschhandel

Ideenflussmündung

Etappenzielscheibe

Scheinweltkarte

Förderpreisvergleich

Symbolwertpapier

Händedrucksache

Ehrenmalkurs

Aktstudienberatung

Hobbykunstlicht

Pampelmusensöhne

Gedankenstrichmännchen

Fragezeichenunterricht

Avantgardekunstgewerbe

Tischdeckengemälde

Pastelltonband

Selbstverwaltungsaktmodell

Schwarzmalerinnung

Lebenskunstkritiker

Sitzgelegenheitsdieb

Sandbankräuber

Diebstahlwerk

Nachteilbetrag

Entsorgungsparkbesucher

Duftwasserwerfer

Speiseresterampe

Halsabschneidermeister

Lachnummernkonto

Eigenkapitalverbrechen

Zeitreisebüro

Umkehrblech

Nachrufschädigung

Karteileichenhaus

Totenkopfmassage

Terminenräumdienst

Sanitäterprofil

Kerkermeisterbetrieb

Herzstillstandgebühr

Tugendkatalogversand

Habsuchtprävention

Zaubertrickbetrüger

Doppelpunktlandung

Rummelplatzwunde

Brautkleidersammlung

Leichtfußpflege

Autostrichmännchen

Meerbusenfreund

Geschlechtsreifeprüfung

Schamfristverlängerung

Glassplittergruppen

Schildbürgerinitiative

Kalauerstellung

Rinderzungenkuss

Onaniederschlag

Bildbandwurm

Unterführungsanspruch

Niedertrachtenkapelle

Autoschlüsselblume

Verkehrsopfergabe

Anzugunglück

Schlafwagenheber

Kleiderbügeleisen

Häuserblockflöte

Waldluftfilter

Wetterkartenspiel

Höhenluftmatratze

Weltklimaanlage

Zeitdruckindustrie

Selbstbefreiungsarmee

Sonnenscheinasylant

Paradiesapfelmus

Wiederwahlheimat

Abenteuerungsrate

Besenreinfall

Ledertaschentuch

Amtsschimmelreiter

Lobpreisnachlass

Subkulturschocktherapie

Pantoffelkinocenter

Tafelsilberblick

Stimmgabelstapler

Tischkulturkampf

Bratenfettstift

Gänsehautpflege

Rinderwahnvorstellung

Faltencremetorte

Heilkunstmarkt

Gesundheitspaketdienst

Lampenfieberkurve

Wunschkostverächter

Rücksichtbehinderung

Friseursalonlöwe

Weibsbilderstürmer

Charakterschwächeanfall

Sippenhaftanstalt

Instandhaltungsschäden

Steuerparadiesgarten

Lichterkettenraucher

Tigerkäfighaltung

Wozuhälter

Frenetischfußball

Bildungsbürgerwehr

Feierabendland

Radikalkurgäste

Backpulverturm

Kirschkernwaffen

Baggerseejungfrau

Wischtuchfühlung

Leinwandheldenfriedhof

Blitzkarriereleiter

Schlachtfeldfrüchte

Tiefpreiskampfrichter

Werbemittelgebirge

Uniformfehler

Buchtitelgewinn

Zahnersatzaussage

Wortspielzeugkiste

Goldreserveübung

Parkbankgeheimnis

Grabstellenausschreibung

Konkurrenzdruckknopf

Hampelmannschaft

Albtraumfrau

Großmaulwurf

Grimassenhaft

Finderlohnfortzahlung

Herzensgütesiegel

Nobelpreisetikett

Maulheldensagen

Wildschweinehund

Gedankenguthaben

Spätlesesaal

Reifenwechselstimmung

Wählerstimmenimitator

Arschgeweihrauch

Baumhausbesetzung

Liebesspielautomat

Improvisationskunststoff

Kurzschlusswort

Nachwortbildung —
Linguistisches über Reizwörter

Von Elke Donalies

Wortbildung ist überall. Schon in diesem kurzen Anfangssatz sind zwei Wörter wortgebildet: *Wortbildung* und *überall*.

> Wozu bilden wir Wörter?
> Wozu brauchen wir Wortbildung?

Wir brauchen Wortbildung, weil wir Begriffe versprachlichen wollen: Wir machen uns einen Begriff von der Welt und kommunizieren darüber, indem wir den Begriff benennen, indem wir ihm Ausdruck verleihen, indem wir ihm zum Beispiel ein Wort zuordnen.

Wörter finden wir einfach vor: *Tisch, Glück, blau* ... Und wo sie nicht ausreichen, entlehnen wir sie aus anderen Sprachen: *Moment, Totem, cool* ... Mitunter verändern wir auch die Bedeutung eines Wortes und gewinnen so ein neues Wort: Wir nehmen *Speicher* im altvertrauten bäuerlichen Kontext und verwenden es — neu bedacht, neu begriffen — als computerlichen *Speicher*. Ganz selten urschöpfen wir aus so noch nie zusammengestellten Lauten völlig neue Wörter, meist Onomatopoetica, auch Lautmalereien genannt, etwa *globbern* in: *Die Matratze globberte. Das ist das Geräusch, das eine lebende, im Sumpf wohnende Matratze macht, die von einem Bericht persönlichen Un-*

glücks tief bewegt ist (Adams nach Aitchison 1997, 15). Besonders oft aber erweitern wir unseren Wortschatz durch Wortbildung: *glücklich, Glücksmoment, Reizwörterbuch* ...

Verschaffen wir uns zunächst einen Überblick über die Verfahren, mit denen wir Wörter bilden. Zu unterscheiden sind im Wesentlichen:
— die Komposition, auch Zusammensetzung genannt (lat. *compositio,* Zusammenstellung, Zusammensetzung)
— die explizite Derivation, auch Ableitung genannt (lat. *derivatio,* Wegleitung, Ableitung)
— die Konversion (lat. *conversio,* Wendung, Übertritt)
— die Kurzwortbildung.

Die ersten beiden Verfahren sind kombinierende Verfahren: Bei der Komposition kombinieren wir hauptsächlich Wörter; es entstehen Komposita:

Glück + Moment = Glücksmoment

Bei der expliziten Derivation kombinieren wir ebenfalls hauptsächlich Wörter, aber mit Wortbildungsaffixen. Wortbildungsaffixe sind gebundene Bestandteile, die ausschließlich zur expliziten Derivation verwendet werden, etwa -*lich*. Es entstehen explizite Derivate:

Glück + -lich = glücklich

Das dritte Verfahren, die Konversion, ist ein intern veränderndes Verfahren. Hier werden Wörter der einen zu Wörtern einer anderen Wortart konvertiert, ohne dass etwas hinzugefügt wird. Am unbegrenztesten können wir Verben zu Substantiven konvertieren: *das Treffen, der Treff*. Wir konvertieren aber auch Adjektive zu Substantiven. Bei der Konversion entstehen Konvertate:

blau = das Blau

Bei der Kurzwortbildung schließlich werden Wörter gekürzt. Es entstehen Kurzwörter, die immer Duplikate ihrer parallel weiter üblichen Langformen sind:

Universität = Uni

Die Verfahren sind klar voneinander abgrenzbar. Deshalb sehen wir auch gleich, um was es sich im *Reizwörterbuch* handelt: Um Komposita, um Kombinationen von Wörtern mit Wörtern. Schauen wir uns also genauer an, wie Komposita strukturiert sind: Das Durchschnittsnormalkompositum ist ein Kompositum wie *Hutschachtel*. Es besteht aus zwei Teilen: Einem dominanten und einem untergeordneten Teil. Im Deutschen ist der dominante immer der zweite, der untergeordnete immer der erste Teil.

	Hut-	*-schachtel*
Grammatik	untergeordnet	dominant, denn *Schachtel* legt alle grammatischen Merkmale des Kompositums fest: Zum Beispiel ist *Hutschachtel* wie *Schachtel* ein feminines Substantiv.
Bedeutung	untergeordnet	dominant, denn *Schachtel* legt die Bedeutung des Kompositums fest: Eine Hutschachtel ist eine Schachtel.

Das mag so aussehen, als wäre der untergeordnete erste Teil mehr oder weniger irrelevant. Er hat aber eine Aufgabe: Er bestimmt die Bedeutung des zweiten Teils näher, er grenzt sie ein und trägt insofern entscheidend zur Bedeutung des ganzen Kompositums bei: Eine Hutschachtel (1+2) ist zwar eine Schachtel (2), aber nicht irgendeine, sondern eine für einen Hut (1). Das unterscheidet *Hut-* von *Büroklammerschachtel* oder *Butterkeksschachtel*.

Übrigens sind die letzten beiden Beispiele ebenfalls zweiteilig. Denn Durchschnittsnormalkomposita können beliebig komplex sein, sie können aus beliebig vielen einzelnen Wörtern bestehen: Immer sind sie zweiteilig. *Büroklammerschachtel* bezeichnet eine Schachtel (2) für Büroklammern (1); *Büroklammer* bezeichnet eine Klammer (2), wie sie in Büros verwendet wird (1). Bei jedem Teilungsschritt gilt das Grundprinzip:

1+2 ist ein 2, und zwar eins, das irgendetwas mit 1 zu tun hat.

Durchschnittsnormalkomposita verzweigen sich nach links, einige verzweigen sich nach rechts. Mal ist dann der erste Teil komplex, mal der zweite. Das unterscheidet *Tüllgardinenstange* von *Metallgardinenstange*. Der Wortgestalt sehen wir das nicht an; wir schließen es aus unserem Weltwissen: In den meisten Kontexten ist es sinnwidrig zu meinen, dass eine Tüllgardinenstange eine Gardinenstange aus Tüll ist oder eine Metallgardinenstange eine Stange, an der Metallgardinen hängen. Wir zerlegen entsprechend nicht *Tüll(1)gardinenstange(2)* oder *Metallgardinen(1)-stange(2)*. Eher analysieren wir, dass eine Tüllgardinenstange eine Stange für Tüllgardinen und eine

Metallgardinenstange eine Gardinenstange aus Metall ist:

Tüllgardinen(1)stange(2)
Metall(1)gardinenstange(2)

Linksverzweigte Komposita wie *Tüllgardinenstange* sind deutlich häufiger als rechtsverzweigte. »Sie haben verarbeitungstechnische Vorteile« (Eisenberg 2002, 354), insofern unser deutsches Ohr und Auge auf den dominanten zweiten Teil fokussiert ist. Komposita mit einem nicht komplexen zweiten Teil sind offenbar schneller zu verstehen. Wirklich problematisch sind aber auch rechtsverzweigte Komposita nicht. Ebensowenig wie die seltenen beidseitig verzweigten Komposita des Typs *Hochgeschwindigkeitsmutprobe*:

Hochgeschwindigkeits(1)mutprobe(2)

An dieser Stelle sei ein sprachfreundlicher Nebenabsatz zu den deutschen Komposita eingeschoben: Im Deutschen wird die Komposition ja seit alters her exzessiv genutzt. Erste Komposita sind etwa mittelhochdeutsche Substantivkomposita wie *gotesgâbe*. Bei der Komposition von Substantiven mit Substantiven ist seitdem so gut wie alles möglich. Das sehen wir unter anderem an der berüchtigten Länge solcher Komposita: Mark Twain stellt in seinem berühmten Deutschlandreisebericht von 1880 seufzend fest: »Manche deutsche Wörter sind so lang, dass man sie nur aus der Ferne sehen kann.« Er führt mit spitzen Fingern *Generalstaatsverordnetenversammlung* vor. Das längste Substantivkompositum im korpusbasierten Informationssystem *elexiko* des Instituts für Deutsche Sprache in Mannheim ist derzeit *Ver-*

kehrswegeplanungsbeschleunigungsgesetz. Das finden manche scheußlich. Wie aber Augst (2001) nachweist, werden solche Langkomposita — anders als bisweilen von Sprachpflegern beklagt — keineswegs im Übermaß und auch heute keineswegs häufiger als früher gebildet. Zu Recht nämlich sperren wir uns gegen extreme Komposita wie das ebenfalls bürokratische und daher sowieso nicht besonders sympathische *Rinderkennzeichnungs- und Rindfleischetikettierungsüberwachungsaufgabengesetz.* Es bleibt im bürokratischen Kontext. Und dort hat es seine Berechtigung: Es sagt kompakt, was zu sagen ist.

Manche Extremlangkomposita finden wir aber auch extrem reizvoll. Sportiv um die Wette werden zum Beispiel Langwörter mit dem legendären *Donaudampfschifffahrtsgesellschaftskapitän* gebildet: »Llanfairpwilgwyngyllgogerychwyrndrobwilllantysiliogogogoch heißt ein Bahnhof in Wales. ›Mit 58 Buchstaben ist es das längste Wort der Welt‹, triumphieren die Engländer. Wir Österreicher kontern nun mit 69 Buchstaben: Donaudampfschifffahrtsgesellschaftskapitänskajütentürschlosschlüssel. Und unser Wort ist auch leichter auszusprechen!« (Kleine Zeitung 1999, IDS-Korpora). Natürlich ist das leicht zu toppen:

Donaudampfschifffahrtsgesellschaftskapitänskajütentürschlossschlüssel
Donaudampfschifffahrtsgesellschaftskapitänskajütentürschlossschlüsselbund
Donaudampfschifffahrtsgesellschaftskapitänskajütentürschlossschlüsselbunddiebstahl...

Und nun kommen die Reizwörter ins Spiel. Ein Spiel nämlich ist auch das mit den Reizwörtern. Und ein ebenso reizvolles. Wer dieses *Reizwörterbuch* durchblättert hat, weiß das natürlich längst. Und hat längst erkannt, dass der Reiz der Reizwörter darin liegt, dass wir sie natürlich von vorne her wahrnehmen: *Aktenberg...* Und dann verblüfft uns das Reizwort damit, dass sich ein Steiger quer legt: *Aktenbergsteiger.* Ach so, denken wir: ein Bergsteiger. Und dann merken wir, dass das wohl kein Durchschnittsnormalkompositum ist: Zwar könnten wir es je nach Kontext durchschnittsnormal lesen, also zum Beispiel als diesen verschrobenen Bergsteiger mit den Akten unterm Arm oder als den Bergsteiger, der in den Akten einer kleinen ländlichen Gemeinde vorkommt, während seine Bergsteigerkameraden nicht aktenkundig sind:

Akten(1)bergsteiger(2)

Aber isoliert von allen Kontexten liegt das nicht besonders nahe. Schon gar nicht in einem Wörterbuch, das uns vorsensibilisiert dafür, dass hier etwas Außergewöhnliches, etwas Witziges, witzig Poetisches gesammelt wurde. Da kommen wir eher auf eine andere Interpretation: Die eines verschmolzenen Zweierlei von *Aktenberg* und *Bergsteiger.* Beide Wörter sind ja präsent:

Aktenberg(1)bergsteiger(2)

Wenn *Aktenbergsteiger* also kein Durchschnittsnormalkompositum ist: Was ist es dann?

Komposita wie *Aktenbergsteiger* nennen Linguisten Kontaminate. Das Wortbildungsverfahren dazu heißt Kontamination (lat. *contaminatio,* Verschmelzung). Kontamination ist eine Unterart der Komposition, weil sie ein kombinierendes Verfahren ist und weil immer Wörter beteiligt sind.

Wer beim Terminus Kontamination Gänsehaut kriegt, weil er die Schrecklichkeiten moderner Radioaktivität assoziiert, kann auch Wortverschmelzung, Amalgamierung, Wortverschränkung oder Wortkreuzung sagen. Englische Linguisten sagen *crossing*, französische *croisement*. Außerdem sagen Linguisten statt Kontaminat auch Kofferwort beziehungsweise nach englischem Vorbild Portmanteau-Wort (engl. *portmanteau*, Handkoffer) beziehungsweise nach französischem Vorbild *mot-valise* (frz. *mot*, Wort, *valise*, Koffer). Die Vorstellung dahinter ist die eines Reisekoffers, in den die unterschiedlichsten Wörter zusammengepackt werden können. Der Terminus wird meist Lewis Carroll zugeschrieben, der 1871 in *Through the Looking-Glass* erklärt hat: »*You see it's like a portmanteau — there are two meanings packed up into one word*« (Elsen 2008). Anschaulich ist auch Teleskopwort. »Man muss solche Wörter quasi wie ein Teleskop auseinanderziehen, um zu den expliziten Lexemen zu gelangen« (Schmid 2003, 265), man muss also zum Beispiel *Aktenbergsteiger* auseinanderziehen, um zu *Aktenberg* und *Bergsteiger* zu gelangen. Gängige Termini sind auch Schachtelwort, Klappwort, Koppelwort, Mischwort oder, nach englischem Vorbild, *blend* (engl. *to blend*, vermischen). Bollée (2002, o. S.) spricht von »haplologischer Wortüberschneidung«, ähnlich auch Cirko (2006, 91) von »haplologischer Zusammenziehung« (griech. *haplo*, aus einem Teil bestehend, einfach, und *logos,* Wort). Unter Haplologie wird fachwissenschaftlich die Verschmelzung gleicher oder ähnlicher Laute verstanden, etwa wenn aus *Zauberer Zauberin* abgeleitet wird statt *Zaubererin*.

Sind so viele Termini für ein einziges Phänomen in Gebrauch, deutet das meist auf wissenschaftliche Unausgegorenheit: »Im Englischen gilt die Wortmischung [...] als ein produktiver Wortbildungstyp, dem eine umfangreiche Literatur gewidmet ist. [...] In der Germanistik wird diesem Phänomen insgesamt wenig Beachtung geschenkt« (Piirainen 2006, 114). Obwohl »dieser Wortbildungstyp im gegenwärtigen Deutsch, ähnlich wie im Englischen, in reichem Maße begegnet« (ebd.), »findet man in der einschlägigen deutschen Fachliteratur wenig zur Kontamination; die Erklärungen umfassen selten mehr als eine Seite [...]. Diejenigen, die dort eine detaillierte Information suchen, sind nach der Lektüre großenteils enttäuscht« (Cirko 2006, 91 f.).

Dass sich deutsche Linguisten nur am Rande mit Kontaminaten beschäftigen, hat damit zu tun, dass Kontamination als Wortspielerei gilt. Und Wortspielerei ist nicht gut angesehen in deutschen Linguistenstuben.

Deshalb noch einmal ein sprachfreundlicher Nebenabsatz: Wir brauchen die Wortbildung, also auch die Kontamination, um die Welt zu begreifen, um Begriffe kommunizieren zu können. Zum Beispiel sind täglich viele etablierte Kontaminate in Umlauf: *Kurlaub, Brunch, Bistrorant, Drofümerie, Motel, Smog, jein, Demokratur, Stagflation, tragikomisch, Teuro, Schlepptop, Nettiquette* ... Auch Kontaminate wie die des *Reizwörterbuchs* begegnen uns dauernd: Im *Spiegel* (20/2008, 78) steht über Eva Herman, sie sei so »weit rechts, dass die Frankfurter Rundschau titelte: Die Mutterkreuzzüglerin«. Griffiger geht es nicht. In der WDR-Talkshow *Dellings Woche* war am 23. Januar 2008 von Klinsmann, dem Sommermärchenprinzen, die Rede.

Auch in diesen Koffer ist alles gepackt, was gesagt werden soll: das deutsche Fußballsommermärchen, die Poesie Shakespeares, der Märchenprinz Klinsmann.

Darin liegt der Vorteil deutscher Kompositions-, respektive Kontaminationsfreudigkeit: Dass mit einem einzigen Wort eine ganze Begriffswelt kommuniziert werden kann. Und man muss dann eigentlich nicht unbedingt als Nachteil sehen, dass Kontamination auch noch Spaß macht, dass wir vergnüglich spielen können mit ihr, weil wir eine »kindliche Lust an der Freiheit von Vernunftzwängen« haben (Heibert 1993, 125). Aber warum sind Kontaminate so griffig und vergnüglich? Dazu sollten wir sie einfach mal sezieren:

>   Wie also machen wir Kontaminate?
>   Woraus verschmelzen wir sie?
>   Wie gestalten wir sie?

Betrachten wir Kontaminate zunächst von ihrem Äußeren her. Zwei Typen sind zu unterscheiden:

1. Kontaminate wie *jein* oder *Mammufant*, deren Teile keine gemeinsamen Laut- beziehungsweise Buchstabenfolgen haben und daher einfach irgendwie, vor allem wohl nach Kriterien der Aussprechbarkeit, ineinander geschoben werden.

   Mamm^{ut}$_{Ele}$fant

2. Kontaminate wie *Lakritzelei* (Heringer 1989, 192), deren Teile gemeinsame Laut- beziehungsweise Buchstabenfolgen haben, in denen sie sich passgenau überlappen.

La^{kritz}Kritzelei

Das *Reizwörterbuch* versammelt ausschließlich Kontaminate des letzten Typs. Der spaltet sich wiederum in zwei Untertypen:

2.1. Der eine Untertyp entspricht *Lakritzelei* haargenau: Die Kontaminate bestehen aus zwei Wörtern mit überlappenden Laut- beziehungsweise Buchstabenfolgen, zum Beispiel *Vereinfalt*. Die Wörter können bei diesem Typ Kontaminat relativ wild wider alle Lesegewohnheiten verschmolzen werden. Das *Reizwörterbuch* verzeichnet etwa *Beispieltrieb, Geweihnachten, Harmoniemand, Hindernistplatz, Konfitürenschlagen, Mitbestimmungskanonen, Verratgeber*. Mitunter werden nicht nur Wörter gleicher, sondern auch Wörter verschiedener Wortarten in Berührung gebracht, vor allem Adjektive und Substantive: *Kleinlautmalerei, kompotthässlich, Radikalauer,* aber auch Fragewörter und Substantive: *Wozuhälter*. Und warum nicht auch *Warumtopf*? Oder *Wiesolei*? Selten werden ganze Satzteile mit Wörtern kontaminiert: *Glückaufklärung* aus dem Steigergruß *Glück auf!* und *Aufklärung*. Selten wird bei der Aussprache geschummelt: *Feedbackstube*; selten auch orthografisch: *Loreleyerkasten*. Bollée (2002, o.S.) hat *Ruhrgebeat*.

Loreley^{ley}erkasten

Solche Kontaminate werden im Deutschen schon lange gebildet. Das häufig Heinrich Heine zugeschriebene *affenteuerlich* zum Beispiel »ist nicht von ihm geprägt. Die frühesten Belege datieren bereits ins 16. Jahrhundert« (Schmid 2003, 268). Für andere Sprachen gibt es »Beispiele schon bei Aristophanes« oder Rabelais (Ulrich 1997, 190).

2.2. Das Gros der Kontaminate des *Reizwörterbuchs* funktioniert aber nach dem zweiten Untertyp: Dessen Kontaminate bestehen aus zwei komplexen Substantivkomposita, zum Beispiel *Aktenberg* und *Bergsteiger*, die so ineinandergeschoben werden, dass der zweite Teil des einen mit dem ersten Teil des zweiten Kompositums passgenau überlappt. Die passgenau überlappenden Teile sind hier nicht beliebige Laut- beziehungsweise Buchstabenfolgen, sondern komplette Wörter. Wir haben es also mit beidseitig verzweigten Komposita zu tun, nur dass die überlappenden Teile ineinandergeschoben werden.

Akten^{berg} Bergsteiger

Auch dieser Untertyp der Kontaminate ist vermutlich schon relativ alt. Weil »im beginnenden 18. Jahrhundert das grundlegende Inventar an Mitteln der Wortbildung wie es scheint schon ausgebildet ist« (Eichinger 2002, 348), könnte jedenfalls seitdem so kontaminiert worden sein. In der Forschungsliteratur zitiert werden allerdings erst spätere Kontaminate dieses Typs, etwa Karl Kraus' *Wortspielhölle* (Timkovic 1990, 35) oder Karl Valentins *Herzschlagrahm, Gallensteinadler, Vanilleeisbären* (Donalies 2007, 66).

Sowas können wir auch leicht selbst zusammenteleskopieren: *Rosinenschneckenhaus, Ölfilmschauspieler, Klebstofftier, Hefezopfspange* (ebd.). Es funktioniert ein bisschen wie dieses alte Kinderspiel, bei dem reihum Komposita aneinandergereiht werden: *Steinhaus — Haustür — Türspalt — Spaltpilz — Pilzgericht — Gerichtsakten — Aktenberg — Bergsteiger* ...

Besonders raffiniert aufgebaut sind Reizwörterbuchkontaminate wie *Katzenklobrillenetui*. *Katzenklobrillen-*

etui-Kombinierer ignorieren das Kompositaprinzip der Zweiteiligkeit und schieben gleich drei komplexe Komposita ineinander: *Katzenklo — Klobrille — Brillenetui*. So auch *Beinbruchteilhaber, Eigenlobgesangverein, Giftzwergpudeldame, Herbstlaubsägeblatt, Riesenradwegenetz, Katastrophenschutzimpfung, Weltwunderwerkverzeichnis*. Wer Freude daran hat, kann sich ausrechnen, welche Konstellationen rein mathematisch noch machbar sind: Michael Ende hat es 1989 schon mal vorgemacht und eines seiner Kinderbücher *Der satanarchäolügenialkohöllische Wunschpunsch* betitelt. Irgendwann wird dann allerdings der Verstehensprozess für uns Hörerleser zu kompliziert; bekanntlich hat zu raffiniertes Raffinement schon ganze Imperien ruiniert.

Natürlich sind die Reizwörter des *Reizwörterbuchs* nicht nur von ihrer Gestalt, ihrer Teilchenstruktur her raffiniert. Das Raffinement liegt auch im Interpretationsspielraum.

> Wie also sind die Reizwörter inhaltlich organisiert?
> In welchem Bedeutungsverhältnis stehen die Teile zueinander?
> Und worin liegt der spezielle Reiz?

Durchschnittsnormalkomposita werden ja nach der Regel produziert und rezipiert: Ein 1 + 2 ist ein 2, das irgendetwas mit 1 zu tun hat. Eine Hutschachtel ist eine Schachtel, die irgendetwas mit Hüten zu tun hat. Meist ist gemeint: Eine Schachtel für Hüte. Auch das Gros der Kontaminate des *Reizwörterbuchs* kann so gesehen werden: Den *Lachmuskelkater* kriegen wir vom Lachen, ein *Mutterherzspezialist* ist ein Spezialist für Mutterherzen, ein *Weltschmerzmittel* ein hochwirksames Mittel gegen Weltschmerz. Die Regel funktioniert leidlich, bis sich uns Kontaminate in den Weg legen wie *Lebkuchenherzschrittmacher*. Weil uns der Kontext fehlt, müssen wir uns einen zusammenreimen. Nicht, dass es uns an Phantasie mangeln würde, aber unser Weltwissen stößt sich dann doch daran, dass es Herzschrittmacher aus Lebkuchen geben soll. Oder Schrittmacher für altbackene Lebkuchen, deren Herz nicht mehr so richtig jahrmarktstrubelheftig schlägt? Schrittmacher für Lebkuchenherzen? Vielleicht wie Gebläse für Zuckerwatte? Erst recht wundern wir uns bei *Lärmschutzbrille*. Da erwarten wir doch eher Ohrstöpsel.

Zunächst werden wir die Reizwörter erst gar nicht groß interpretieren wollen; wir beschmunzeln sie mit flüchtigem Blick als nette Wortspielereien. Wir erwarten erst gar nicht, dass uns das *Reizwörterbuch* mit *Leistungsdruckindustrie*, *Lichterkettenraucher* oder *Lobpreisnachlass* etwas mitteilen möchte. Das Besondere, das uns reizt, ist die Gestalt, die Struktur, der Bau der Reizwörter. Das ganz besondere Reizwort aber hat auch noch einen Bedeutungsreiz. Es reizt uns zum Beispiel mit der Absurdität des assoziierten Inhalts, so beim zoophilen *Rinderzungenkuss*, beim leuchtenden *Glühbirnenkompott* oder bei den spitzbübischen *Kirschkernwaffen*. Manche Reizwörter sind mehrdeutig wie *Löwenzahnweh*, das sowohl dem Löwen als auch der Wiesenblume schmerzen kann. Manche sind krass widersinnig: *Passivitätlichkeit*.

Ein besonderer Bedeutungsreiz ergibt sich auch beim Spiel mit homonymen Teilen: Homonymie (griech. *homonymia*, Gleichnamigkeit), auch Äquivokation genannt (lat. *aequivocatio*, Gleichklang), liegt vor, wenn Wörter oder Wortteile gleich lauten, aber Verschiedenes bedeuten. Wir kennen Homonyme vom kindlichen Teekesselchenspiel: das Schloss am Ufer versus das Schloss an der Tür, das Tau versus der Tau. In Donalies (2002) wird die wortbildreiche Ausstellung des Künstlers Martin Glomm linguis_tisch gedeutet: Zu sehen war dort unter vielen anderen die Grafik von einem Buch, einem Roman mit vier Tischbeinen, die roman_tisch hieß. Mit sowas spielt auch das *Reizwörterbuch*: *Erotischtuch, Frenetischfußball; Digitalfahrt, Horizontalsperre; Neurosengarten*. Einmal sind die — nicht ganz sauber abgetrennten — Lehnaffixe (t)-*isch*, (t)-*al* und (r)-*ose* gemeint, einmal die Wörter *Tisch*, *Tal* und *Rose*. Eleganter geht das mit einheimischen Teilen: *Reizbardamen, Zweifelhaftanstalt*. Wir erkennen einmal die adjektivbildenden Affixe -*bar* und -*haft*, einmal die Wörter *Bar* und *Haft*. Das Wort *Urlaub*, althochdeutsch *urloub*, gehört zu *Erlaubnis*, weshalb dessen -*laub* gar nichts mit den Bäumen zu tun hat, mit denen es im Reizwort *Urlaubbäume* kontaminiert wird. Auch die -*tore* in *Eigentorheit* haben inhaltlich nichts miteinander zu tun, sie sind nur homonym: *das Tor* versus *der Tor*. So auch *Blattlausbuben*, *Glühweinkrampf* oder *Hardrockzipfel*. Immerhin sind die -*züge* in *Anzugunglück* verwandt: Beide lassen sich auf *ziehen* zurückführen.

Deutlich steht gerade bei den letzten Beispielen gestalterisch wie inhaltlich der ästhetische Spielspaß im Vordergrund und weniger die Versprachlichung von Begriffen. Dennoch öffnen uns Wörter immer Bedeutungshorizonte. Immer stellen wir uns etwas vor, wenn wir derlei produzieren oder rezipieren: Die Reizbarkeit der Bardamen, die Torheit von Eigentoren, eine digitale Schussfahrt, einen spätromantischen Neurosengarten.

Dass die einzelnen Teile in sehr vager Bedeutungsbeziehung zueinander stehen, ist übrigens keine spezifische Anomalie von Kontaminaten, sondern gilt für alle Komposita. Komposita sind generell »schwarze Löcher mit unwiderstehlichem Deutungssog« (Heringer 1984, 10). Schon einer der Märchengrimmbrüder hat 1826 konstatiert, dass Komposita »auf das freieste und vieldeutigste gefasst werden« können (Seppänen 1998, 113). Die Bedeutungsbeziehungen zwischen den Teilen aller Komposita konstruieren und rekonstruieren wir nämlich mit den unterschiedlichsten Assoziationen. Selbst Durchschnittsnormalkomposita wie *Hutschachtel*. Bewiesen hat das Heringer (1984) mit seinem legendären Beispiel *Fischfrau*. Das Durchschnittsnormalkompositum *Fischfrau* kann unter anderem meinen:

Frau, die Fisch verkauft
Frau eines Fisches
Frau mit dem Sternzeichen Fisch
Frau, die Fisch isst
Frau, die fischt
Frau, die kühl wie ein Fisch ist
Frau, die den Fisch gebracht hat
Frau, die bei dem Fisch steht

Was zwei Kompositateile miteinander aussagen, orientiert sich zwar an den beiden Teilen, bleibt aber ungefähr. Auch die Hutschachtel kann ja außer eine Schachtel für Hüte zum Beispiel eine Schachtel in Form eines Hutes sein. Oder die Schachtel, die unter dem Hut liegt. Der Zitronenfalter hat die Farbe von Zitronen, das Zitronenhuhn dagegen wird mit Zitronen gegart. Und während der Fischotter Fische speist, speist der Kapuzineraffe üblicherweise keine Kapuziner, nicht mal die aus den eleganten Wiener

Cafés. So wie dort Apfeltorten mit Äpfeln belegt werden, Herrentorten üblicherweise aber nicht mit Herren und Linzertorten nicht mit Linzern.

Noch ungefährer dürfen wir die Teile von Kontaminaten verschmelzen. Hier gilt Paul Feyerabends anarchistisches Motto: *Anything goes!* Wobei natürlich immer für den Produzenten eines Kontaminats die Frage ist, was sein Hörerleser »komisch findet, ob er sich für philosophische Reflexionen oder poetische Sprache interessiert« (Heibert 1993, 118). Wie frei er seine Phantasie herumstreunen lässt. Wie fit und fix er im Deuten ungefährer Beziehungen ist. Wie sehr ihn das abgründig Ungefähre überhaupt lockt.

Das Ungefähre der Bedeutungsbeziehung zwischen Kontaminatsteilen einerseits und ihre regelmäßige Formschönheit andererseits macht also die Reizwörter so reizvoll. So reizvoll, dass wir die schönsten *Reizwörterbücher* zusammensammeln und mit Vergnügen anschauen in diesem wortbildnerischen *Schwindelfreiraum.* Dann spielen wir mit Wörtern. Und natürlich die Wörter mit uns ...

Zitierte Literatur

Aitchison, Jean (1997): *Wörter im Kopf. Eine Einführung in das mentale Lexikon.* Aus dem Englischen von Martina Wiese. Tübingen (= *Konzepte der Sprach-und Literaturwissenschaft* 56).

Augst, Gerhard (2001): Gefahr durch lange und kurze Wörter? Lang und Kurzwortgefahr? LKW-Gefahr? In: Stickel, Gerhard (Hg.): *Neues und Fremdes im deutschen Wortschatz — Aktueller lexikalischer Wandel.* Berlin, New York, 210–238.

Bollée, Annegret (2002): *Französische Wortbildung.* Vorlesung gehalten im WS 1995/1996. Herausgegeben von Carlo Milan, Bamberg. http://www.uni-bamberg.de/split/sprachlabor/skripten/franzoesische_wortbildung.pdf

Cirko, Leslo (2006): Überlegungen zur Kontamination. In: Bialek, Edward / Tomiczek, Eugeniusz (Hg.): *Phänomene im syntaktisch-semantischen Grenzbereich. Materialien der internationalen Linguistenkonferenz Kapacz 27.–29.9.2004.* Wroclaw (= *Beihefte zum Orbis Linguarum* 47), 87–102.

Donalies, Elke (2002): Deutel_Ei auf Linguis_Tisch — Über ein wortbildnerisches Spiel. In: *Sprachreport* 18/1, 10–12.

Donalies, Elke (2007): *Basiswissen Deutsche Wortbildung.* Tübingen, Basel (= UTB 2876).

Eichinger, Ludwig M. (2002): Nominale Wortbildung in Sachtexten des 18. Jahrhunderts. In: Habermann, Mechthild / Müller, Peter O. / Munske, Horst Haider (Hg.): *Historische Wortbildung des Deutschen.* Tübingen (= RGL 232), 341–363.

Eisenberg, Peter (2002): Struktur und Akzent komplexer Komposita. In: Restle, David / Zaefferer, Dietmar (Hg.): *Sounds and Systems. A Festschrift for Theo Vennemann.* Berlin, New York (= *Trends in Linguistics, Studies and Monographs* 14), 349–365.

Elsen, Hilke (2008): *Kontaminationen im Randbereich der deutschen Grammatik.* In: Deutsche Sprache (im Druck).

Heibert, Frank (1993): *Das Wortspiel als Stilmittel und seine Übersetzung am Beispiel von sieben Übersetzungen des »Ulysses« von James Joyce.* Tübingen (= Kodikas/Code 20).

Heringer, Hans Jürgen (1984): *Wortbildung: Sinn aus dem Chaos.* Deutsche Sprache 12, 1-13.

Heringer, Hans Jürgen (1989): *Grammatik und Stil — Praktische Grammatik des Deutschen.* Frankfurt.

Piirainen, Elisabeth (2006): *Schwampel, Gelbanalge oder Reich(t's) im Alter?* In: Breuer, Ulrich / Hyvärinen, Irma (Hg.): *Wörter — Verbindungen. Festschrift für Jarmo Korhonen zum 60. Geburtstag.* Frankfurt etc., 113-123.

Schmid, Hans Ulrich (2003): *Zölibazis Lustballon — Wortverschmelzungen in der deutschen Gegenwartssprache.* In: Muttersprache 113, 265-278.

Seppänen, Lauri (1998): *Satz und Wort.* In: Irmhild Barz/Öhlschläger, Günther (Hg.): *Zwischen Grammatik und Lexikon.* Tübingen (= Linguistische Arbeiten 390), 113-116.

Timkovic, Ulrike (1990): *Das Wortspiel und seine Übersetzung in slavische Sprachen.* München (= Specimina Philologiae Slavicae 29).

Ulrich, Miorita (1997): *Die Sprache als Sache — Primärsprache, Metasprache, Übersetzung.* Tübingen.

Autoren

Prof. Ulrich Namislow lehrt Gestaltungsgrundlagen und Buchgestaltung an der Fachhochschule Mainz. Seine wichtigsten Arbeitsgebiete sind: Buch, Kunst, Grafik, Illustration und Produktdesign. Im LOGO VERLAG illustrierte er eine Edition von Karl Immermanns Waldmärchen *Die Wunder im Spessart*.
Für weitere Ausgaben des *Reizwörterbuches* nimmt der Autor gerne neue Kofferwörter entgegen.

Dr. Elke Donalies studierte Mittelaltergeschichte, historische Pädagogik und Germanistik in Münster. Seit 1990 ist sie Wissenschaftlerin am Institut für Deutsche Sprache, Mannheim. Ihre Forschungsinteressen sind Wortbildung, Lexikologie, Phraseologie und Sprachkritik.

Adressen

Prof. Ulrich Namislow
Untergasse 8
D-55546 Volxheim
Telefon (0 67 03) 37 47
E-Mail sachpoetik@t-online.de

Dr. Elke Donalies
Institut für Deutsche Sprache
Postfach 10 16 21
D-68016 Mannheim
Telefon (06 21) 15 81-225

Impressum

Bibliografische Information
Der Deutschen Bibliothek
Die Deutsche Bibliothek verzeichnet diese Publikation in der Deutschen Nationalbibliografie; detaillierte bibliografische Daten sind im Internet über http://dnb.ddb.de abrufbar.

ISBN 978-3-939462-07-1
Erste Auflage 2008
Zweite Auflage 2009
Alle Rechte vorbehalten
Copyright LOGO VERLAG Eric Erfurth
Obernburg am Main 2008
Rosenstraße 6
D-63785 Obernburg am Main
Telefon (0 60 22) 7 19 88
Fax (0 60 22) 20 69 41
E-Mail info@lvee.de
Website www.lvee.de

Druck: AZ Druck und Datentechnik Kempten
Printed in Germany

Kurt Schwitters
Ursonate

CD-Audio, Zeit 52:14, 21 Euro

Das 1932 vollendete Meisterwerk der Avantgarde in der begeisternden Aufnahme des Sprechkünstlers Arne Dechow.

Marcel Duchamp
Flaschentrockner

Doxographie, 224 S., 21 Euro

»... informativer Band ...« Frankfurter Rundschau
»... Wirbel an knappen rasanten Zitaten ...« SZ

Kurt Schwitters / Sabine Schmekel
Doppelmoppel

Typogr. Bilderbuch, 28 S., 12 Euro

»Man wünscht ihr doppelt soviel Leser!« Kodikas/Code
»... kongenial ...« Neue Zürcher Zeitung

Ernst Jandl / Sabine Schmekel
Bibliothek

Typogr. Bilderbuch, 20 S., 12 Euro

»Lesen als lustvolles Ereignis.« FAZ
»Viel Lesestoff und Augenschmaus.« Mainzer Rhein-Zeitung

Christine Großkinsky
Holmenkolmen

Lauschangriffe, Br., 160 S., 12 Euro

»... ein Wechselbad der Gefühle ...« Rhein-Neckar-Zeitung
»... ein kurzweiliges, ein pfiffiges Buch ...« die horen